Q
sommes

Collection de Poésie de Corinne Albaut

Animaux, drôles d'animots

Le dromadaire	2
Le hibou	4
Le cygne	6
L'oiseau du feu	8
Le phoque	10

Tourne la Terre

Le courant d'air	12
Nuages	14
Le soleil	16
Fumées	18
Le vent	20

Machins-machines

L'ascenseur	22
Le paillasson	24
Bonjour, cerf-volant!	26
L'aspirateur	28
La Ferrari	30

Le dromadaire

Un dromadaire
Dans le désert
La bosse en l'air.

    Il ne boit pas
    Il ne mange pas
    Tout l'indiffère.

Il marche à l'amble
Deux pattes ensemble
Avant-arrière.

    L'a l'air idiot
    Comme le chameau
    Son demi-frère.

Ce sont d'ailleurs
Deux vieux râleurs
Qui blatèrent.

Animaux, drôles d'animots

Le hibou

Le hibou du frêne,
Le grand-duc du chêne,
Sont voisins
Et copains.

Lorsque la nuit tombe,
On entend deux ombres
Hululer
En secret.
Ouh, ouh, ouh...

Le cygne

Un cygne blanc,
Le bec en l'air,
Glisse sur l'eau
Du lac Léman.

Un cygne blanc,
Mais à l'envers,
Glisse en-dessous
Tranquillement.

Animaux, drôles d'animots

L'oiseau de feu

Dans un œuf tout bleu
Bat le petit cœur
D'un oiseau de feu
De toutes les couleurs.

Un deux trois quatre cinq
Six sept huit neuf !
Il faut casser l'œuf.

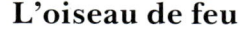
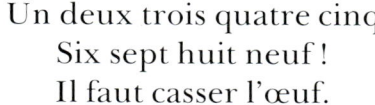

Le phoque

Sur la banquise
Vit un phoque.
Le froid, la bise,
Il s'en moque.
Le rêve idiot
De ce phoque-là
C'est de manger
Pour son goûter
Un esquimau
Au chocolat.

Le courant d'air

Il passe en courant,
Qu'il entre ou qu'il sorte,
Il passe en courant
Et claque la porte.
Il a l'air
En colère,
Le courant d'air.

Nuages

Cumulus
Tout blancs
Beau temps.

Stratus
Tout gris
Soucis.

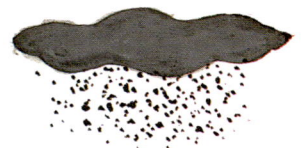

Nimbus
Brumeux
Il pleut.

Le soleil

Le soleil se lève
A gauche du sapin
Le matin.

Il flâne à midi
Sur les toits pointus
De ma rue.

Le soir il se couche
Derrière les créneaux
Du château.

Fumées

C'est l'hiver,
Sur les toits
Les fumées
Montent droit.

A les voir,
On devine
La chaleur
Des cuisines.

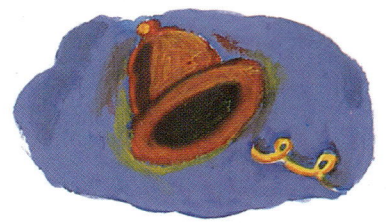

Le vent

Le vent de l'océan
Apporte la tempête.
Les goélands tout blancs
S'élancent sur les crêtes.

Le vent de l'océan
Apporte des nuages,
Comme des fantômes blancs
Qui courent vers le rivage.

Le vent,
Le vent,
Le vent de l'océan.

L'ascenseur

Il monte et descend
Dans sa cage,
Mais ce n'est pas un oiseau.
Il prend des gens
Au passage,
Mais ce n'est pas le métro.
Il voyage
Dans les étages,
Ça ne l'ennuie pas du tout.
Il monte et descend
Dans sa cage,
C'est l'ascenseur, voilà tout !

Le paillasson

Un paillasson,
Un hérisson,
Se rencontrent sur un perron.
Comment ça va ?
Je pique, et toi ?
Je gratte, ma foi !
C'est ainsi,
Chacun sa vie !
Certains sont doux
Et d'autres pas !

Machins - machines

Bonjour, cerf-volant !

Un cerf-volant
De papier blanc
S'envole vers les nuages.
Un goéland
Sur l'océan
Le salue au passage :
Bonjour, et bon vent,
Cerf-volant !

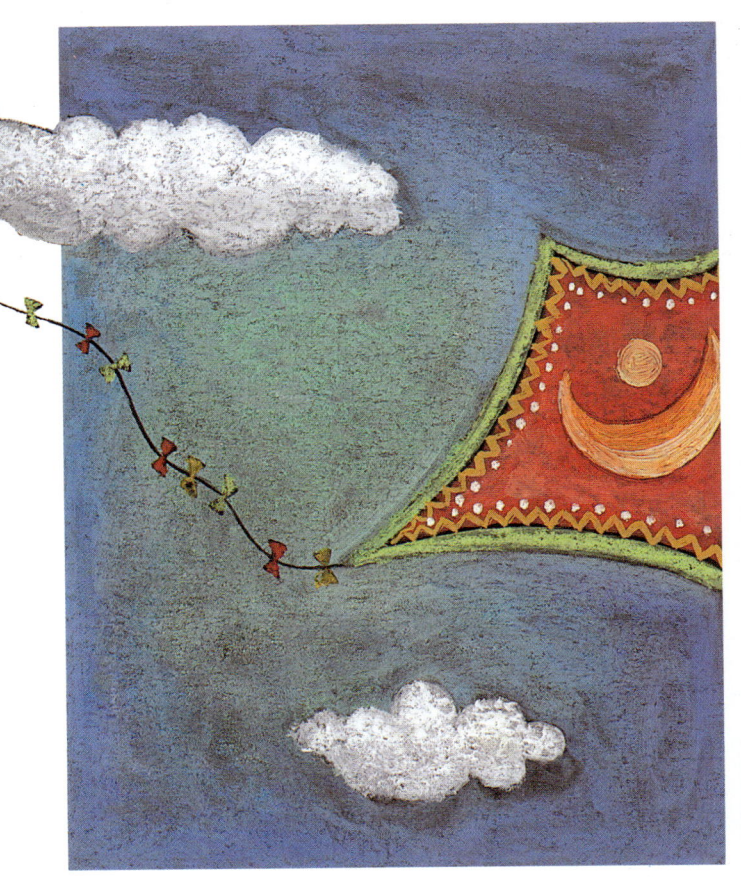

L'aspirateur

Brrr, brrr
Fait l'aspirateur
De méchante humeur.
J'en ai assez
De manger
La poussière
Qui traîne par terre.
Je voudrais avaler
Un rayon de soleil,
Un vol d'hirondelle,
Un coup de vent,
Une plume de paon...
La poussière, même en moutons,
Ça n'est pas bon !

La Ferrari

Quelle folie, quelle folie,
De foncer comme un fou
Avec ta Ferrari.
Il faut faire attention,
Tu peux tomber au fond
D'un fossé fort profond.
Freine, freine, freine donc !